Inhalt

Kreditrisikohandel - Bedrohung für das Finanzsystem?

Kernthesen

Beitrag

Fallbeispiele

Weiterführende Literatur

Impressum

Kreditrisikohandel - Bedrohung für das Finanzsystem?

G. Dengl

Kernthesen

- Der Markt für Kreditrisikohandel ist in den letzten Jahren sprunghaft gewachsen. Besonders Instrumente wie strukturierte Produkte und Derivate haben zu diesem Wachstum beigetragen.
- Die steigende Nachfrage nach handelbaren Kreditrisiken verändert die Bankenwelt. Kredite bleiben nicht mehr bis zur Fälligkeit im Bestand, sondern werden im Rahmen der individuellen Risiko- und Liquiditätsstrategie an den Markt gebracht.
- Die Tatsache, dass die Investoren oft nicht

über die gleiche Fachkenntnis und Risikomanagementsysteme verfügen wie die Verkäufer von Kreditrisiken, könnte laut BaFin eine Bedrohung für die Stabilität des Finanzsystems darstellen.

Beitrag

Seit es möglich ist, Kreditrisiken zu handeln, gehen Banken verstärkt dazu über, Risiken bewusst in den Büchern zu halten, oder an den Markt abzugeben. Da viele Investoren diese Risiken oft nur ungenügend einschätzen können, könnte die Stabilität des gesamten Finanzsystems bedroht sein.

Noch bis vor einigen Jahren war das Kreditgeschäft von Banken hinsichtlich seiner Komplexität relativ überschaubar. Kredite, die einmal vergeben wurden, blieben solange in den Büchern der Bank bis sie entweder zurückgezahlt waren (was meist der Fall war), oder bis der Schuldner ausfiel und der Kredit abgeschrieben werden musste. Um die negativen Folgen eines solchen Ausfalls zu mildern und zu begrenzen - und zwar sowohl für die Bank, wie auch für das gesamte Bankensystem - verlangt die

Bundesanstalt für Finanzdienstleistungsaufsicht (BaFin) von den Banken in Deutschland, ihre vergebenen Kredite mit Eigenkapital zu unterlegen. Die diesbezüglichen Kapitalhinterlegungspflichten befinden sich derzeit aufgrund von Basel II im Umbruch. Ein erster Entwurf für die Solvabilitätsrichtlinie (sie wird den deutschen Gesetzestext für die Basler Anforderungen darstellen) wurde bereits veröffentlicht, mit einem zweiten Entwurf ist im Herbst dieses Jahres zu rechnen. Ergebnis der neuen Kapitalhinterlegungspflichen wird sein, dass das zu hinterlegende Kapital sich sehr stark an dem individuellen Ausfallrisiko des Kreditnehmers orientiert; bisher galten Standardsätze. Die Diskussion darüber, ob sich dadurch Kredite, insbesondere für Mittelständler, verteuern werden, ist noch in vollem Gange, eine klare Tendenz zeichnet sich indes nicht ab. (1)

Kredite werden über strukturierte Produkte und Derivate handelbar gemacht

Aus der Sicht des Risikomanagements ist diese Vorgehensweise nur wünschenswert. Doch die

Banken haben mittlerweile schon weitere Wege beschritten, um ihr eigenes Risiko zu mindern. Anstatt einmal vergebene Kredite bis zu deren Ablauf in den eigenen Büchern zu halten, werden diese strukturierten Produkte an den Kapitalmarkt gegeben oder über Derivate abgesichert. Die Käufer dieser strukturierten Produkte (i. d. R. Verbriefungen) sind damit die neuen Risikoträger. Sie vereinnahmen selbstverständlich auch die Zinsen. Jeder Investor muss dann für sich selbst durchrechnen, welches Kreditrisiko er tragen will, und ob ihm die Rendite (sprich die Kreditzinsen), die er erhält, hoch genug erscheint.

Bei der Verbriefung wird schrittweise vorgegangen. Zunächst einmal wird eine größere Anzahl von Krediten ausgewählt, die aufgrund bestimmter Merkmale vergleichbar sind, z.B. lang laufende Wohnbaukredite. Dieser Pool an Krediten wird schließlich je nach Ausfallwahrscheinlichkeit in mehrere Segmente (Tranchen) unterteilt. Es entstehen so Tranchen mit besonders hoher Ausfallwahrscheinlichkeit und welche, die sehr risikoarm sind. Die Bank sucht sich selbst die Tranche aus, deren Risiko-Rendite-Profil am besten zur Strategie passt und bringt die restlichen Tranchen an den Markt.

Risikomanagement und Liquidität sind die Zielgrößen des Kreditrisikohandels

Diese hat letzten Endes zwei ganz klare Vorteile gegenüber der bisherigen Praxis, die Kredite einfach in den Büchern stehen zu lassen:
Erstens, sind Verbriefungen ein exquisites Mittel zur Risikosteuerung einer Bank. Durch geschickte Tranchierung und Auswahl kann die Risikostrategie einer Bank im Kreditbereich beinahe punktgenau umgesetzt werden. Und zweitens wird durch die Ausplatzierung an den Markt Liquidität freigesetzt, die wiederum dazu genutzt werden kann, neue Kredite zu vergeben.
Neben der Kreditverbriefung kommen in immer größerem Tempo weitere Finanzinnovationen hinzu, die den Handel mit Kreditrisiken fördern, z.B. Credit Default Swaps (CDS), Collateralized Debt Obligations (CDO) oder Credit Linked Notes (CLN). Das Instrument, dass derzeit das größte Wachstum zu verzeichnen hat, sind Credit Default Swaps. (5)

Kreditrisikohandel könnte

Stabilität des Finanzsystems bedrohen

Wenngleich die Einführung und Nutzung dieser Instrumente den Kapitalmarkt in Deutschland beleben und professionalisieren, beobachtet die BaFin diesen Trend aufmerksam. Aus Sicht der Aufsicht, aber auch aus der Sicht der Zentralbanken ist der starke Anstieg des Handels mit Kreditrisiken ein heißes Eisen. Das Risiko, das bisher von den Banken getragen wurde, wird sukzessive an den Kapitalmarkt weitergegeben. Dort wird es von Investoren gekauft, die diese Risiken unter Umständen nicht adäquat einschätzen können: Vermögende Privatinvestoren, Kapitalanlagegesellschaften, Versicherungen, Pensionskassen, etc. Die Käufer der Risiken unterliegen nicht im selben Maße wie Banken der Kontrolle der Aufsicht. Dies bedeutet beispielsweise, dass sie nicht dazu verpflichtet sind Eigenkapital zu hinterlegen - und das obwohl sie das gleiche Risiko tragen, wie vor ihnen die Banken.
Kommt es zu größeren Ausfallwellen, bei immer noch ca. 40.000 Insolvenzen pro Jahr in Deutschland ist dies vorstellbar, dann ist diese Investorengruppe weit weniger widerstandsfähig als das Bankensystem. Eine Sanierung ist, wenn überhaupt möglich, schwierig, langwierig und der Erfolg nicht immer gewiss. (4) Bedrohlich wird es dann, wenn die erste Ausfallwelle

(Kreditnehmer) eine zweite nach sich zieht (Käufer der handelbarer Kredite). Denn diese könnte das Finanzsystem unter Umständen erschüttern und zu Liquiditätsengpässen auch bei ansonsten gut gerüsteten Banken führen.

Fallbeispiele

Public-Finance-Strategie der Eurohypo setzt auf aktives Portfoliomanagement

Die Eurohypo will verstärkt die Staatsfinanzierung zu ihrem Geschäftsgebiet machen. Weil gerade dieses Geschäft besonders langfristig orientiert ist, steigt die Bedeutung der Liquiditätssicherung. Um dieser Herausforderung zu begegnen wird nun das aktive Portfoliomanagement forciert. Dies soll vor allem über Einsatz von Kreditderivaten erreicht werden. Zur Refinanzierung werden dagegen verstärkt Pfandbriefe ausgegeben. (7)

Weiterentwicklungen auf dem Gebiet der statistischen Schätzung von Kreditrisiken

Gerade für hochriskante Kredite sind die bisher vorhandenen statistischen Schätzverfahren oft ungeeignet, weil sie die Ausfallwahrscheinlichkeit nicht zuverlässig genug vorhersagen. Gerade wenn es für eine Bank darum geht, einen Kredit ins Workout zu übergeben, und damit eine Wertberichtigung zu bilden, kann sie durch ein trennschärferes Verfahren viel Geld sparen. Das SPLIT Rating-Verfahren ist eine Möglichkeit für ein solches trennschärferes Verfahren. (9)

European Leveraged Loan Index (ELLI)

Nachdem der Markt für Kredithandel mittlerweile so groß geworden ist, dass auch institutionelle Anleger aus dem Nichtbankensektor beginnen, sich dafür zu interessieren, werden nun auch die ersten Indizes für dieses Marktsegment veröffentlicht. S&P stellt in diesem Zusammenhang den ELLI als einen Index vor, der den kompletten Markt mit allen vorkommenden

Finanzvehikeln abdecken will. (3)

Weiterführende Literatur

(1) Alternativen zum klassischen Kredit: viel Beratungsbedarf
aus Bank und Markt 08 vom 01.08.2005 Seite 020

(2) Hedge-Funds vor einer Bewährungsprobe Die Risiken besser im Griff als 1998
aus Neue Zürcher Zeitung, 07.07.2005, Nr. 156, S. 33

(3) Startschuss zum Kreditmarkt für institutionelle Anleger
aus RATING aktuell, Heft 03/2005, S. 42-45

(4) Sanierung: Therapie für Sorgenkinder
aus Zeitschrift für das gesamte Kreditwesen 15 vom 01.08.2005 Seite 802

(5) "Buy and Hold" war gestern: Portfoliooptimierung durch Kreditrisikohandel
aus Zeitschrift für das gesamte Kreditwesen 12 vom 15.06.2005 Seite 609

(6) Kreditrisikohandel - allgemeine Anmerkungen aus Sicht der BaFin
aus Zeitschrift für das gesamte Kreditwesen 12 vom 15.06.2005 Seite 629

(7) Neue Public-Finance-Strategie bei der Eurohypo

Bedeutung des luxemburgischen Lettre de Gage wächst - US-Markt im Visier - Verstärkter Einsatz von Kreditderivaten
aus Börsen-Zeitung, 28.07.2005, Nummer 143, Seite 6

(8) O. V., SNB Schweitzer Nationalbank, Hedge Funds - a threat to system stability?, Bericht zur Finanzstabilität 2005, S. 23
aus Börsen-Zeitung, 28.07.2005, Nummer 143, Seite 6

(9) Bessere Distressed Debt Risiko-Messung durch SPLIT Rating-Verfahren
aus RATING aktuell, Heft 04/2005, S. 54-60

(10) Der deutsche Markt für "non-performing Loans" - die Rolle der Investmentbanken
aus Zeitschrift für das gesamte Kreditwesen 12 vom 15.06.2005 Seite 635

Impressum

Kreditrisikohandel - Bedrohung für das Finanzsystem?

Bibliografische Information der deutschen Nationalbibliothek

Die Deutsche Nationalbibliothek verzeichnet diese Publikation in der deutschen Nationalbibliografie; detaillierte bibliografische Daten sind im Internet über http://dnb.d-nb.de abrufbar.

ISBN: 978-3-7379-0441-4

© 2015 GBI-Genios Deutsche Wirtschaftsdatenbank GmbH, Freischützstraße 96, 81927 München, www.genios.de

Alle Rechte vorbehalten. Dieses Werk ist einschließlich aller seiner Teile – z.B. Texte, Tabellen und Grafiken - urheberrechtlich geschützt. Jede Verwertung außerhalb der Grenzen des Urheberrechtsgesetzes bedarf der vorherigen Zustimmung des Verlags. Dies gilt insbesondere auch für auszugsweise Nachdrucke, fotomechanische Vervielfältigungen (Fotokopie/Mikroskopie), Übersetzungen, Auswertungen durch Datenbanken oder ähnliche Einrichtungen und die Einspeicherung und Verarbeitung in elektronischen Systemen.